Savais-tu?

Les Taupes

Savais-tu?

Les Taupes

Alain M. Bergeron
Michel Quintin
Sampar

Illustrations de Sampar

ÉDITIONS
MICHEL
QUINTIN

Données de catalogage avant publication (Canada)

Bergeron, Alain M., 1957-

Les taupes

(Savais-tu? ; 16)
Pour enfants de 7 ans et plus.

ISBN 2-89435-232-8

1. Taupes - Ouvrages pour la jeunesse. 2. Taupes - Ouvrages illustrés. I. Quintin, Michel . II. Sampar. III. Titre. IV. Collection : Bergeron, Alain M., 1957- . Savais-tu? ; 16.

QI.737.I57B47 2003 j599.33'5 C2003-940674-1

Révision linguistique : Maurice Poirier

Le Conseil des Arts du Canada
The Canada Council for the Arts

SODEC Québec

Patrimoine canadien Canadian Heritage

La publication de cet ouvrage a été réalisée grâce au soutien financier du Conseil des Arts du Canada et de la SODEC. De plus, les Éditions Michel Quintin bénéficient de l'aide financière du gouvernement du Canada par l'entremise du Programme d'aide au développement de l'industrie de l'édition (PADIÉ) pour leurs activités d'édition.

Gouvernement du Québec – Programme de crédit d'impôt pour l'édition de livres – Gestion SODEC

ISBN 2-89435-232-8
Dépôt légal - Bibliothèque nationale du Québec, 2003
Dépôt légal - Bibliothèque nationale du Canada, 2003

Éditions Michel Quintin
C.P. 340, Waterloo (Québec)
Canada J0E 2N0
Tél.: (450) 539-3774
Téléc.: (450) 539-4905
Courriel: mquintin@mquintin.com

1 2 3 4 5 6 7 8 9 0 M L 7 6 5 4 3

Imprimé au Canada

Savais-tu que les taupes sont de petits mammifères qui fouillent le sol pour creuser leur demeure et trouver leur

nourriture? Elles vivent dans des réseaux de galeries souterraines qu'elles remanient d'ailleurs constamment.

Savais-tu qu'il existe une vingtaine d'espèces de taupes? On en retrouve en Europe, en Asie ainsi qu'en Amérique du Nord.

TU AS RAISON: ON A CREUSÉ TROP LOIN!
CLAC! CLAC! CLAC! CLAC!

Savais-tu que le terrier de la taupe est composé d'une chambre centrale tapissée d'herbes et de feuilles mortes?

Cette chambre est utilisée pour le repos et la reproduction.

Savais-tu que ses pattes antérieures, courtes et très larges, sont munies de longues griffes? Ce qui en fait

de véritables pelles lui permettant de creuser le sol avec une efficacité incroyable.

JE N'ARRIVERAI JAMAIS À SORTIR D'ICI...

Savais-tu que, tels de véritables bulldozers du sous-sol, certaines taupes peuvent creuser six mètres de tunnel en une heure?

Savais-tu que lorsqu'elle creuse, la taupe rejette la terre à la surface du sol? Ces rejets forment des monticules

qu'on appelle taupinières, dont certaines peuvent atteindre soixante centimètres de hauteur.

Savais-tu que la taupe garde toujours son terrier très propre? Cela en rejetant à l'extérieur les matières fécales.

MAIS MAMAN!...
C'EST UNE PUNITION SUPER DÉGUEU!
SAVAIS-TU?
Rats
15

Savais-tu que la taupe peut reculer aussi aisément qu'elle avance dans ses étroites galeries? C'est grâce à ses poils qui vont dans toutes les directions.

Savais-tu que les taupes alternent, de jour comme de nuit, leurs périodes d'activités et de repos?

LAISSE-MOI TRANQUILLE...
C'EST L'HEURE DE MA SIESTE...

Savais-tu que les taupes profitent de la nuit pour s'aventurer à l'occasion à la surface du sol?

Elles le font, entre autres, pour récolter de l'herbe pour leur nid.

Savais-tu qu'aucune espèce de taupes n'hiberne? Pour échapper au froid, elles passent l'hiver dans les galeries les plus profondes, sous le niveau de gel de la terre.

ÇA DEVIENT DE PLUS EN PLUS DIFFICILE DE VOUS TROUVER...

E!

Savais-tu que les taupes ont les yeux aussi petits qu'une tête d'épingle? Leur vue ne peut distinguer que les variations d'intensité lumineuse.

Savais-tu que le sens du toucher de la taupe est particulièrement raffiné? Grâce à de nombreuses terminaisons tactiles sur son corps, elle peut apprécier les vibrations

du sol ou les approches d'autres animaux, même tout petits et éloignés.

Savais-tu que la grande majorité des taupes sont solitaires et très territoriales? Ce n'est que pendant

la période de reproduction que l'on peut trouver plus d'un animal dans une même galerie.

Savais-tu que les taupes laissent des traces odorantes sur les parois de leurs tunnels? Elles évitent ainsi que leur domaine ne soit envahi par des intrus.

C'EST TOI QUI AS EU CETTE BRILLANTE IDÉE?
J'AI LE NEZ SENSIBLE, VOUS SAVEZ...

C'EST EUX QUI SE SONT MOQUÉS DE TON NEZ?
OUI POPA...

Savais-tu que, contrairement à la plupart des autres espèces, la taupe à nez étoilé est plutôt grégaire? En effet, elle vit en petites colonies.

Savais-tu que la taupe à nez étoilé s'appelle ainsi à cause des vingt-deux tentacules qui entourent son nez? Très

mobiles et très sensibles, ces tentacules l'aident à se diriger et à chercher sa nourriture dans l'obscurité.

Savais-tu que certaines espèces sont adaptées aux milieux aquatiques? La taupe à nez étoilé, par exemple, nage et plonge avec aisance.

AVEZ-VOUS DE LA PLACE POUR MES ENFANTS?
Garderie

Savais-tu que, chez les taupes, c'est la femelle qui élève seule ses petits? Elle peut en avoir jusqu'à sept par portée.

Savais-tu qu'à l'âge de trois ou quatre semaines, les petits sont chassés du nid par leur mère?

Savais-tu que les taupes sont des insectivores? Elles se nourrissent surtout d'invertébrés, comme les vers de

terre, mais aussi de fourmis, d'araignées et de limaces. Certaines espèces mangent aussi des petits poissons.

VENEZ VOIR, PAPA A ATTRAPÉ UNE GROSSE ARAIGNÉE...

Savais-tu que certaines taupes peuvent manger plusieurs fois l'équivalent de leur poids en nourriture, et cela en une seule journée?

QU'EST-CE QUI SE PASSE ICI ?
IL Y A QUELQUE CHOSE QUI BRÛLE?

Savais-tu que l'épaisse queue de la taupe à nez étoilé contient des réserves de graisse? Cela lui sert de source d'énergie quand la nourriture vient à manquer.

Savais-tu qu'en prévision de l'hiver, certaines taupes emmagasinent des réserves de vers de terre dans leurs

galeries? On a déjà trouvé plus de mille vers dans un garde-manger.

Savais-tu qu'avant de faire ses réserves de vers de terre, la taupe doit les immobiliser? Certaines espèces les mordent pour les paralyser, tandis que d'autres leur coupent la tête.

RATÉ!

Savais-tu que le corps de la taupe dégage une odeur nauséabonde? Celle-ci rebute la plupart de ses

prédateurs dont les chats, les chiens, les renards, les hiboux et les belettes.

Savais-tu que les taupes vivent en moyenne trois ans dans leur milieu naturel?

BON APPÊTIT...
HEU!?! MERCI?

Savais-tu que les taupes sont considérées comme des animaux nuisibles par les jardiniers, les fermiers et les

propriétaires de terrains de golf? C'est à cause des dégâts qu'elles font en creusant le sol.

Savais-tu qu'elles sont en fait très utiles? Parce qu'elles aèrent le sol et mangent des quantités d'insectes nuisibles.

DU KETCHUP... BEAUCOUP DE KETCHUP!